Armin Lauth

Neue Kasperlespiele

Sechs Spiele für zwei bis sechs Figuren

Herold Verlag Stuttgart

Überzug und sechs Zeichnungen von Hermine Schäfer

© Copyright 1961 by Herold Verlag Brück KG Stuttgart
Alle Rechte vorbehalten. Printed in Germany 1968
5. Auflage · 27.-32. Tausend
Druck: Karl Grammlich, Pliezhausen
ISBN 3-7767-0004-1

Liebe Kinder!

Aber auch liebe Erwachsenen, die Ihr Euren Kleinen Kasperltheater vorspielen wollt. Das Kasperlespielen ist gar nicht so schwer, wie Ihr vielleicht denken mögt. Man braucht nur ein bißchen Phantasie. Alles Weitere gibt sich wie von selbst.
Die folgenden Stücklein sollen Euch eine kleine Anregung geben. Ihr braucht sie allerdings gar nicht mal wörtlich zu spielen, könnt dabei ruhig so reden, wie Ihr es gewöhnt seid. Euer Kasper oder die Räuber, der Schutzmann, kurz, alle Eure Mitspieler dürfen gern etwas dazudichten.
Hauptsache beim Kasperlespielen ist, daß etwas geschieht. Die Handlung muß spannend sein und abwechslungsreich. Vor allem aber sollen Eure kleinen Zuschauer etwas zum Lachen haben, und Kasperles Ängste und Freuden sollen sie mit ihm teilen wollen. Wenn Euch das gelingt, habt Ihr immer dankbare Zuschauer.
Die äußeren Mittel dazu sind ja so einfach! Je schlichter die Handlung, die Kulissen und die Hilfsmittel sind, um so mehr müssen Eure Zuschauer sich nämlich ihrer Vorstellungskraft bedienen und um so mehr sind sie also beim Spiel dabei.
Kulissen habe ich bei meinen Spielen eigentlich nie verwendet. Eine Decke, hinter der

man steht, genügt schon. Hilfsmittel? Ein Stock, ein Teddybär, ein Auto, das man aus Pappe ausschneidet ... schon hat man, was man braucht. Und die Geräusche erst! Das ist ja so einfach! Wenn Ihr zwei Topfdeckel gegeneinanderreibt, entsteht der echteste Donner, den Ihr Euch denken könnt.

Sollte Euch eine Figur fehlen, sagen wir zum Beispiel die Fee oder die Hexe, so könnt Ihr sie Euch leicht selbst basteln. Man nimmt einfach eine lange Stricknadel und steckt zwei Wollknäuel darauf. Augen, Mund und Nase bringt man mit Stecknadeln oder Knöpfen am oberen Knäuel an, über den unteren hängt man ein Tuch als „Gewand". Das Krokodil ist fast noch einfacher: Ihr zeichnet es auf einem Karton auf und schneidet es aus. Den Unterkiefer schneidet weg und befestigt ihn mit einem Faden am Oberteil. Schon kann das Krokodil sein gefährliches Maul auf- und zumachen. Wenn Ihr dann noch an der Rückseite einen Stab zum Halten anbringt und an den Unterkiefer einen Faden zum Ziehen, so erscheint auf Eurer Bühne ein leibhaftiges Krokodil, das sein Maul beängstigend auf- und zuklappen kann.

Zum Abschluß noch ein Rat: Gebt acht, daß Ihr laut und deutlich sprecht und laßt Eure Figuren sich immer hin- und herbewegen.

Und nun viel Spaß beim Kasperlespiel! Ihr werdet's sehen: Eure Zuschauer sind hell begeistert!

Kasperle und die Bärenfalle

KASPERLE
SEPPL, SEIN FREUND
GROSSMUTTER
SCHUTZMANN SCHMUNZELBART
BÄR BRUMMETOLL

I. AUFZUG *Spielt bei Kasperles Großmutter*

KASPERLE: Ha, ha, ha, Kinder seid ihr auch alle da? Also Kinder, paßt auf, ich gehe jetzt mit Seppl, meinem Freund, in den Wald. Dort sammeln wir Pilze. Mögt ihr auch Pilze? Wo ist bloß der Seppl? *Ruft* Seppl! Wo bist du? — Seppl, wo bist du? —

SEPPL: *Kommt auf die Bühne* Hiiier!

KASPERLE: Los, los, du alter Schneckenpampel, wir gehen in den Wald!

SEPPL:	Au fein, wir sammeln Pelze!
KASPERLE:	Pilze! Nicht Pelze! Oh, Seppl, Pelze haben die Bären!
SEPPL:	Uhh! Hör auf mit Bären! Mir wird's ja schwummerig.
KASPERLE:	Hä, hä, du alter Angsthase! Los, wir gehen!
GROSSMUTTER:	*Kommt auf die Bühne* Kasperle, Kasperle, wo wollt ihr hin?
KASPERLE:	Pelze sammeln.
GROSSMUTTER:	Was, Pelze?
KASPERLE:	Ach, der Seppl hat mich schon durcheinandergebracht. Natürlich Bären wollen ... ähhh ... Potz Blitz und tausend — Pilze wollen wir sammeln.
GROSSMUTTER:	Oh, ihr wollt also in den Wald? Da müßt ihr aber ein Vesper mitnehmen.
KASPERLE:	Prima, prima!

GROSSMUTTER:	Da, Kasperl, ein Laib Brot und ein Glas Honig. Kommt bald wieder!
KASPERLE UND SEPPL:	Ja, ja, wir gehen in den Wald und kommen immer bald.

II. AUFZUG   *Im Wald*

KASPERLE UND SEPPL:	*Singen* Wir sind jetzt in dem Wald und kommen immer bald.
SCHMUNZELBART:	*Kommt von links* Na, na, na, Ruhe wird gewahrt! Ich bin der Schutzmann Schmunzelbart! Was schreit ihr denn so dumm und lauft im finstern Wald herum?

	Wißt ihr nicht, daß das gefährlich ist?
KASPERLE:	Gefährlich?
SEPPL:	Gegegefäährlich?
SCHMUNZELBART:	Und ob! Seit Tagen treibt sich ein großer Bär im Wald herum, Brummetoll soll er heißen!
KASPERLE:	Dann brummt er wohl toll, was, hä, hä?
SCHMUNZELBART:	Da gibt's nichts zu lachen, so ein Bär frißt Menschen!
SEPPL:	Ohhh! Ka-Kasperle, schnell, ke-kehren wir um!
KASPERLE:	Umkehren? — Und unsere Pelze, ich meine, Pilze? — Nichts da!
SCHMUNZELBART:	Ich hab' euch gewarnt! Überall hat man Bärenfallen gegraben, große Löcher im Boden, mit Moos überdeckt!
KASPERLE:	Zu was soll denn das gut sein?

SCHMUNZELBART: Du Dummrian! Wenn der Bär drüberläuft, — plumps — fällt er hinein und kann nicht mehr heraus!
KASPERLE: Hä, hä, dann brummt er toll, was?
SCHMUNZELBART: Dir wird das Lachen schon noch vergehen!
KASPERLE: Paß bloß auf, daß du nicht selbst hineinfällst, Herr Schmunzelbart! Hä, hä, ich hab' keine Angst! Komm Seppl, wir sammeln Pilze. Du gehst links rum, ich geh' rechts rum. *Beide gehen ab*
SCHMUNZELBART: *Kopfschüttelnd im Weggehen* Ist das auch eine Art? **Lacht der** über mich, den Schmunzelbart!

III. Aufzug

BRUMMETOLL: *Kommt brummend auf die Bühne* Brumm, brumm, brumm, ich trotte hier herum.
Nach Menschen riecht es hier.
Brumm, brumm, die hol' ich mir!
Brumm, brumm, was seh' ich da? — Eine Falle? Schön mit Moos zugedeckt. Ha, ha, brumm, die Menschen halten mich für dumm! Meister Brummetoll fällt nicht hinein, brumm, brumm, ha, ha!
Doch halt! Schnuff, schnuff, kommt da nicht ein Mensch? Der muß mir her! Ich verstecke mich im Gebüsch, brumm, brumm! *Geht ab*

IV. Aufzug   *Seppl kommt ahnungslos von links; die Kinder schreien:*
Der Bär, der Bär!

Seppl: Was ist denn los, was schreit ihr so?
Wa-wa waaas? Der Bär — der Bär?
Uhhh jehhh! Was mach' ich denn?
Hiiilfe, was mach' ich bloß? *Man hört den Bär brummen. Seppl springt weg und fällt dabei in die Bärenfalle*

Seppl: Hiiilfe, Hiiilfe! Ich bin in der Bärenfalle. Oh, Mammale, Mammale — Kasperle — Schmunzelbart — Hiiilfe!

Brummetoll: *Kommt hervor* Brumm, brumm, ein fetter Bissen! Ahh, brumm, hab' ich einen Appetit!

SEPPL: Hiiiilfe! Kasperle!

BRUMMETOLL: Der ist mir sicher, brumm, ha, ha, gefangen in der Bärenfalle! Ich will schnell meine Bärenfrau holen. Gemeinsam schmeckt der Braten viel besser, brumm, brumm! *Geht ab*

SEPPL: Hiiiilfe, Kasperle, Hiiiilfe!

KASPERLE: *Noch hinter der Bühne* Was ist denn los, Seppl, warum schreist du so? Wo bist du?

SEPPL: Kasperle, hilf mir! Hier, hier!

KASPERLE: *Erscheint ganz aufgeregt* Seppl, Seppl, wo bist du denn?

SEPPL: Hier, Kasperle, hier, in der Bärenfalle!

KASPERLE: Schock — Zapperschlack — Was tust du in dem Loch?

SEPPL: Kasperl, schnell, zieh mich heraus! Der Bär Brumme-

	toll kann jeden Augenblick wiederkommen. Er will mich fressen!
KASPERLE:	Oh, Verzeihung, Seppl, da legst du dich doch glatt an die Wand! Seppl, ha, ha, ha, da soll doch der Bär hinein und nicht du!
SEPPL:	Mach keine Witze, hol mich raus!
KASPERLE:	Also los — hau ruck, hau ruck!

Zieht Seppl heraus. Der schlottert vor Angst

SEPPL:	Und jetzt schnell fort, bevor der Bär kommt!
KASPERLE:	Ach, du Angsthase!
SEPPL:	Du hast leicht lachen! Sooo groß und sooo dick war er. Ein Maul hat er wie ein Scheunentor, und brüllen tut er wie zehn Gewitter auf einmal! Schnell fort!

KASPERLE:	Ha, ha, ha!
SEPPL:	Lach nicht, schnell fort!
KASPERLE:	Halt, Seppl, halt! Ich hab' eine Idee!
SEPPL:	Eine Idee???
KASPERLE:	Paß auf — wir legen schnell wieder das Moos über das Loch! Und oben drauf stellen wir mein Honigglas, kapiert?
SEPPL:	Dein Honigglas?
KASPERLE:	Ach, du Dummkopf, natürlich! Der Bär Brummetoll kommt — riecht den Honig — und dann —
SEPPL:	Dann frißt er uns beide!
KASPERLE:	Nein — den Honig frißt er — und dabei fällt er in die Grube — und dann —

Seppl:	Dann frißt er uns beide!
Kasperle:	Oh Pepperle — Peppl! Du bist ein dummer Seppl! Wenn er in der Falle liegt, dann kann er nimmer raus — und wir —
Seppl:	Und wir sind gefressen!
Kasperle:	Nein, wenn er den Honig frißt, dann macht es plumps!
Seppl:	Und wir sind in seinem Bauch!
Kasperle:	Jetzt hör aber auf, du Hasenfuß! Nein, dann ist er gefangen! Und wir sind Helden, richtige Helden, verstehst du?
Seppl:	Ach so meinst du das! Sind wir dann richtige Helden?
Kasperle:	Klar — und jetzt schnell das Moos drauf — so — und jetzt den Honig oben drauf — so, — und jetzt schnell

ins Gebüsch! Ich hör' ihn schon brummen. — Schnell, schnell! *Beide verschwinden*

V. AUFZUG   *Bär Brummetoll kommt brummend zurück*

BRUMMETOLL: Brumm, brumm, brumm, wo ist denn bloß das Loch?
Brumm, brumm, brumm, hier war es doch?
Schnuff, schnuff, schnuff, was riecht denn meine Nase?
Honig, Honig, dort in einem Glase?
Schmatz, schmatz, schmatz, der wird gefressen.
Auf Honig bin ich ganz versessen. *Fällt in die Grube*
Brumm, brumm, brumm, was bin ich dumm!
Gefangen bin ich, brumm, brumm, brumm.

KASPERLE UND SEPPL:	Hurra, hurra, dreimal hoch der Bär ist in dem tiefen Loch.
SEPPL:	Hurra, hurra, ich bin ein Held!
KASPERLE:	Waaas? Um alles in der Welt, von wem ist die Idee?
SEPPL:	Oh, Herr Jemineh! Kasperl, nein, du bist der Held!
KASPERLE:	Pepperl, Pepperl, Seppl, wir sind zwei Helden! Hurra, der Bär kann nimmer raus! Kinder, die Geschicht' ist aus!

Kasperle und das Krokodil

KASPERLE
DAS KROKODIL

Kasperle hat sich im Wald verlaufen und ist müde

KASPERLE: Grüß euch Gott, Kinder! Wie, könnt ihr mir nicht richtig Grüß Gott sagen? — Noch einmal! So, jetzt war es besser. Aber ich höre immer noch nicht recht! Aha, hä, hä, jetzt aber! Gelt, ihr könnt, wenn ihr wollt! Kinder, ich bin todmüde, und jetzt laufe ich schon stundenlang im finsteren Wald herum und suche Pilze! Meint ihr, ich hätte einen einzigen gefunden?
Ah, hier ist ein Stein. Auf den will ich mich setzen und

ein bißchen schlafen. Kinder, gelt, wenn irgend etwas los ist, dann weckt ihr mich! Ja? Kann ich mich auf euch verlassen? Also gut. Uoooaaah schhhhh schhhhh

Kasperle schnarcht. Plötzlich erscheint das Krokodil. Beim Geschrei der Kinder verschwindet es wieder

KASPERLE: Uoahhh, was ist denn los? — Was? — Ich hör' nicht recht! Ein Krokodil? Ihr wollt mich wohl auf den Arm nehmen, hä, hä? Ich schlafe weiter! Schhhh Schhhhh

Schnarcht wieder. Krokodil zeigt sich in der anderen Ecke und grunzt!

Was schreit ihr denn schon wieder? Kann man nicht mal ein paar Minuten ruhig schlafen? — Was? Schon wieder ein Krokodil? Wieviele Krokodile gibt es denn hier eigentlich, hä, hä? *Krokodil kommt langsam näher.*

KASPERLE: Hört doch mit eurem Geschrei auf! Man versteht ja sein eigenes Wort nicht mehr! *Krokodil schnappt nach Kasperle*

KASPERLE: Uuiehhh! Hilfe, was zwickt mich da? Hilfe! Hilfe, ein Krokodil, ein Krokodil! Hilfe! *Verschwindet schnell.*
Krokodil geht langsam auch hinter die Bühne, mit Grunzen

KASPERLE: *Spickt auf die Bühne* Kinder! Ist es fort? Wirklich? Oh jemineh, hab' ich eine Angst gehabt! Kinder, Kinder! Was mach' ich bloß, wenn es wiederkommt? Halt! — Ich hab's! — Wißt ihr was? Ich weiß, was ich mache, paßt auf! Ich hab' in meiner Tasche ein ganzes Päckchen Niespulver! Hä, hä, versteht ihr, hä? Na klar, ich stelle mich schlafend! Und wenn das Krokodil kommt, dann dürft ihr nicht schreien. Habt ihr gehört? Damit

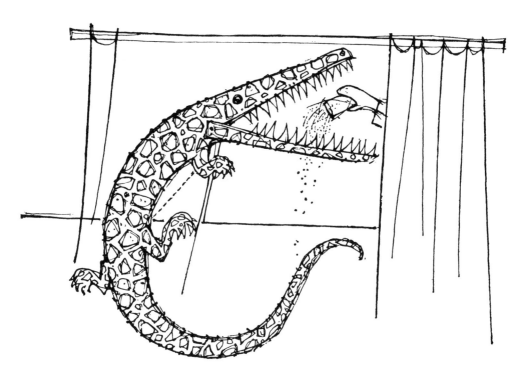

es keinen Verdacht schöpft! Verstanden? Wenn es dann sein Maul aufreißt, schmeiße ich ihm schnell das ganze Niespulver ins Maul — und dann, ja, und dann? — Richtig, dann niest es sich zu Tode, hä, hä. Krokodile können nämlich das Niesen um die Welt nicht vertragen. Paßt auf, ich schnarche: Schhh, schnnnnnchhhhh

KROKODIL: *Kommt wieder näher, immer näher, noch näher, reißt das Maul auf und will Kasperle schnappen. Da wirft Kasperle das Niespulver (Mehl) in sein Maul. Das Krokodil niest, niest, wackelt und wedelt, immer langsamer, bis es nach ein paar Schnappern das Maul zuklappt und tot ist.*

KASPERLE: Hurrahhh! Kinder, hurra, habt ihr gesehen, wie man das macht? Aber nun muß ich schnell zu meiner Großmutter und ihr alles erzählen. Auf Wiedersehn, Kinder —

KASPERLE
GROSSMUTTER
ZAHNLUCKENHEXE
POLIZIST

Kasperle und die Zahnlukenhexe

I. AUFZUG *Spielt bei Kasperles Großmutter*

KASPERLE: Kinder, Kinder, das ist eine vertrackte Geschichte! Meine Oma will mich in die Stadt mitnehmen. Aber ich soll mir vorher meine Zähne putzen!! Hä, hä, als ob es von den geputzten Zähnen abhinge! Nein — nein, meine Zähne putz' ich nicht! Ich habe sie ja erst vor einer Woche geputzt!

GROSSMUTTER: *Noch nicht sichtbar* Kasperle! — Kasperle!

KASPERLE: Jaaaa!

GROSSMUTTER: *Kommt auf die Bühne* Aber Kasperle, jetzt stehst du noch immer da! Hast du deine Zähne geputzt?
KASPERLE: Aber Oma, ich habe sie doch erst letzte Woche geputzt!
GROSSMUTTER: Kasperle, Kasperle, mit dir wird's nimmer besser! Ich wart' bloß, bis dich eines Tages die Zahnluckenhexe holt! Und dann?
KASPERLE: Was, die Zahnluckenhexe? Hä, hä, Oma, du willst mir wohl Angst machen — hä, hä — mich, den Kasperle, holen!? Daß ich nicht lache!
GROSSMUTTER: Kasperle, damit ist nicht zu spaßen! Schon manches Kind, das seine Zähne nicht regelmäßig putzen wollte, hat sie in ihr fürchterlich dreckiges Hexenhaus mitgenommen!

KASPERLE: Hä, hä, das Haus möcht' ich direkt einmal sehen!

GROSSMUTTER: Aber Kasperle, mal den Teufel nicht an die Wand! Das wäre ja furchtbar für mich! — Aber jetzt mach schnell — schnell, ich komme gleich wieder. Dann gehen wir!

Großmutter ab

KASPERLE: Habt ihr's gehört, Kinder? Zahnluckenhexe — so was gibt es ja gar nicht! Hä, hä, und ich putz' meine Zähne erst recht nicht! Sie sind zwar ein bißchen schwarz. Vielleicht nächste Woche, da kann ich sie mal putzen! Jetzt spring' ich noch geschwind auf die Gasse zu meinem Freund Seppl! Die Oma merkt es ja doch nicht, daß ich dreckige Zähne habe! *Kasperle ab*

II. Aufzug *Zahnluckenhexe kommt auf die Bühne*

HEXE: Schwarze Zähne, Stummelzahn!
Luckenhexe, Zauberbann.
Such' mir für mein garstig Haus
Lauter schmutz'ge Kinder aus.
Hiii — hiiiii! — Helfer brauch ich, Sklaven, die mir dienen müssen — hiii — hiiiii. Find' ich Kinder mit dreckigen Zähnen, huiiii — sprech' ich meinen Zaubervers — und schon sind sie in meinem Bann und müssen mir in mein scheußliches Haus folgen. Hiiiii! Hiiii — hiiii — dort dürfen sie ihre Zähne nie mehr putzen, bis sie alle aus dem Mund fallen!! Huii, ist das ein Spaß!

Wie sie dann jammern und flehen: Hexe, ach Hexe, laß uns doch die Zähne putzen! Aber nein — hiiiiii — ich lasse sie nicht! Denn wehe, erwischt eines eine Zahnbürste, dann ist meine Zaubermacht vorbei, und ich muß das Kind wieder fortgehen lassen!

Doch horch! Kommt da nicht ein kleiner Kerl? Ob der wohl dreckige Zähne hat? Ich muß mich schnell verstecken! *Hexe versteckt sich. Ab*

KASPERLE: *Kinder schreien und warnen Kasperle* Na, na, was ist denn los?? Was, Zahnluckenhexe? Hä, hä, gibt's ja gar nicht!

HEXE: Huiiii — huiiii! Hat der dreckige Zähne! Schnell meinen Zauberspruch:

»Schwarze Zähne, welche Pracht!

>Luckenhexe greulich lacht!
Zahnpasta, der Zauber kracht!
Kasperl ist in meiner Macht!« —

KASPERLE: Hiiilfe! Ich kann mich nicht mehr rühren! So helft mir doch! Hiiilfe!

HEXE: Hii, hii, hiiii, nichts hilft dir, du mußt mit in mein Haus! Hiii, hiiii!

KASPERLE: Oh wehh! *Schreit und will sich wehren. Hexe schleift ihn fort. Beide ab*

III. AUFZUG

GROSSMUTTER: *Erscheint auf der Bühne und sucht Kasperle* Kasperle — Kasperle! Wo bist du? Wir müssen gehen! Aber wo ist denn der

Kasperle bloß? Da liegt seine Zahnbürste noch unbenützt. *Hebt die Zahnbürste hoch*

Kinder sagen ihr jetzt, was mit Kasperle geschehen ist

Oh wehhh! Mein armes Kasperle! Hilfe, Polizei — Polizei!

POLIZIST: Hier ist der Hüter der Ordnung. Aber Großmutter, was schreist du denn so entsetzlich?

GROSSMUTTER: Ach, mein armer Kasperl ist von der Zahnluckenhexe mitgenommen worden, weil er seine Zähne nicht geputzt hat!

POLIZIST: Waaas? Eijeijei, da muß die Polizei sofort einschreiten!

GROSSMUTTER: Ach ja, bitte, bitte! Hier, Herr Polizist, nehmt seine Zahnbürste mit, falls Ihr ihn auffindet, damit er sich

	sofort seine schwarzen Zähne putzen kann. Vielleicht hilft es gegen die Hexe!
Polizist:	Nur keine Angst, Großmutter, ich, die Polizei, ich find' ihn schon, und mit der Zahnluckenhexe machen wir kurzen Prozeß. *Steckt die Zahnbürste in seinen Stiefelschaft*
Soo, die Zahnbürste in meinem Stiefelschaft, und nun auf, die Polizei schreitet ein! *Beide ab*

IV. Aufzug	*Kasperle und die Zahnluckenhexe*
Hexe:	Soooo, hi, hi, jetzt sind wir in meinem Hause!
Kasperle:	O jeggerl, o jeggerl, ist es hier dreckig! Pfui, mich schaudert!

HEXE: Hi, hi, so und nun sollst du bald alle deine Zähne verlieren, daß du nur noch ein paar Stummel hast wie ich. Hiii—hiii! Da, beiß mal diese harten Nüsse auf! — Los, los, nicht gefackelt! Und anschließend mußt du dieses alte Hundefleisch essen, daß dir alle Fasern zwischen den Zähnen stecken bleiben! Hiii—hiii! Wenn ich wiederkomme, ist alles getan, sonst geht es dir schlecht! *Hexe ab*

KASPERLE: *Weint und jammert* Oh Herr Schleminehh. Au, au, tut das meinen Zähnen weh! *Kaut das alte Fleisch und beißt die Nüsse auf* Au, au! Brrrr, schmeckt das scheußlich! Au, au, meine Zähne tun so weh! Die fangen schon an zu wackeln! Au weh, au weh!

HEXE:	*Kommt wieder* Hii, hiii, gelt, das tut weh! Ist das ein Spaß! Wie, laß mal sehen, ob schon ein Zahn wackelt. Hiii, hiiii — sie wackeln schon, los, los, weitergekaut! Alle Zähne müssen wackeln, hiii, hiiii! *Hexe wieder ab*
KASPERLE:	Hiiilfe, Hiiilfe! Hilft mir denn niemand!? Doch horch! Wer kommt denn jetzt?

V. AUFZUG

POLIZIST:	*Kommt in das Hexenhaus* Ja Kasperle! Endlich find' ich dich! Aber, aber, wie schaust du denn aus? Deine Zähne wackeln ja schon? Und so dreckig bist du!
KASPERLE:	Oh, oh, bin ich froh! Aber ach, ich kann ja gar nicht

|||: fort von hier! Solange ich meine Zähne nicht putzen kann, bin ich im Zauberbann der scheußlichen Hexe!

POLIZIST: Das werden wir gleich haben. Deine Oma hat mir deine Zahnbürste mitgegeben. *Sucht sie und findet sie nicht* Aber sapperlott, wo hab' ich sie hingesteckt? *Sucht in allen Taschen*

KASPERLE: Schnell, schnell, bevor die Hexe wiederkommt! Sonst sind wir beide verloren!

HEXE: Huiiiii, wer ist denn da in meinem Haus?

POLIZIST: Schluß mit der Hexerei! Ich nehme Kasperl einfach mit!

HEXE: Hiii — hiii, das würde dir so passen! Dich werde ich auch verzaubern, dann habe ich zwei! Hii, hiiiii!

POLIZIST: Nichts da, ich habe saubere Zähne, da schau her! *Zeigt seine sauberen Zähne* Mich kannst du nicht verzaubern!

HEXE: Soooo? Huiiiii, aber deine Füße kann ich festbannen, damit du nicht vom Platz kannst! Hiiii, hiiii, inzwischen wird mir schon was einfallen, wie ich dich ganz verzaubern kann! Paß auf:

    Schwarze Zähne, Stummelzahn!
    Luckenhexe, Zauberbann.
    Zahnpasta als Schmiere dran!
    Deine Füße sind jetzt lahm!

Hiiiii, so, jetzt versuch zu laufen! Hiiiii, hiiiii! Ich komme gleich wieder! *Hexe ab*

POLIZIST: Au, was ist das? *Versucht, seine Füße zu heben, aber es geht nicht* Au, au, Kasperle, ich kann meine Füße nicht bewegen!

KASPERLE: O weh, jetzt ist's aus. Jetzt sind wir beide gefangen!

POLIZIST: Aber sapperlott, was drückt mich denn so in meinem Schuh!? *Schaut in seinen Stiefel* Menschenskind! Kasperle, die Zahnbürste! Natürlich, ich habe sie doch in meinen Stiefel gesteckt!

KASPERLE: Holdriohhh, wir sind gerettet! Schnell, gib sie her! *Putzt seine Zähne, wie er sie noch nie geputzt hat* Ah, das tut gut, ah! Wenn jetzt die Hexe kommt, dann soll sie was erleben!

HEXE: Hiii, hiii! So, ihr beiden, gefällt's euch in meinem drekkigen Haus? Hii, hii!

KASPERLE: Hä, hä, halt dein altes Schlappermaul! Du Zahnluckenstummelschwanzhexe!

HEXE: Waaas, du willst noch frech werden?
Will ihn am Kragen packen Huiiii!

KASPERLE: Hä, hä, schau dir meine Zähne an. Was, da staunst du wohl! Jetzt ist's aus mit deinem alten Stummelzahnzauber!

HEXE: Wuuiiihhh, ich bin verloren! Mein Zauberbann ist gebrochen! Los, gib sofort die Zahnbürste her, du Gauner!

KASPERLE: Hat sich was! Das würde dir passen! Jetzt paß einmal auf, was ich mit dir mache *Fummelt der Hexe die Zähne mit der Zahnbürste* Sooo, jetzt putz' ich deine dreckigen Stummelzähne, du alte Hexe! Dir wird das Lachen schon vergehen. Warte nur . . . !

HEXE: Au weh, au weh, wuuiihhh! Laß mich los! Ich verliere ja meinen ganzen Zauber, wenn ich saubere Zähne kriege. Laß mich los!

KASPERLE: Sofort läßt du den Schutzmann aus deinem dummen Bann und schwörst mir, daß du keine Kinder mehr mitnimmst!

HEXE: Jaaa, jaaa, ich will's ja tun! Uiiih!
Schwarze Zähne jetzt vorbei!
Luckenhexen-Zauberei,
Zahnpasta und Krötenbrei
machen deine Füße frei!

POLIZIST: Oh, wie schön! Ich kann meine Füße wieder bewegen. Aber nun, Kasperl, nix wie fort aus diesem Haus!

KASPERLE: *Während die Hexe jammernd davonrennt*
Aber nun bin ich geheilt. Ich putze in Zukunft immer meine Zähne! Das könnt ihr mir glauben!

POLIZIST: Kasperl, Kasperl! Das ist noch einmal gutgegangen.
Aber du hast recht! Saubere Zähne sind was wert!
KASPERLE UND POLIZIST: Und die Moral von der Geschichte!
Zähne putzen! Hört ihr, Wichte!?
Sonst wird's euch wie Kasperl gehn!
Und das wär' bestimmt nicht schön!

Kasperle und das Auto

KASPERLE
SEPPL, SEIN FREUND
SCHUTZMANN BRAUSEWETTER
Handlung auf der Straße

KASPERLE: Kinder, Kinder, ich hab' ein Auto, ein richtiges Auto, das fährt! Mein Onkel Pimpeldupfer hat's mir geschenkt! *Zeigt sein Auto, ein Spielzeugauto — oder aus Pappe* Jetzt muß ich aber schnell meinen Freund Seppl rufen. Der ist nämlich Fachmann in Autos. Seppl! Seppl! Wo bist du?
SEPPL: *Kommt auf die Bühne* Hiiiier, Kasperle, hiiiier!
KASPERLE: Seppl, ich habe ein richtiges Auto. Einen Ford!
SEPPL: Das ist doch kein Ford!
KASPERLE: Also eben ein Opel

SEPPL:	Das ist doch kein Opel, du Popel!
KASPERLE:	Dann ist's eben ein BMW
SEPPL:	Herrjemineh!
KASPERLE:	Also ein DKW
SEPPL:	Oh, Herr Schlemineh!
KASPERLE:	Was ist's denn dann?
SEPPL:	Schau ihn doch an!
KASPERLE:	Ah, jetzt weiß ich's, ein — ein — ein —
SEPPL:	Nein — nein
KASPERLE:	Eine Isabella, oder ein Kapitän?
SEPPL:	Aber Kasperle, das sieht doch jedes!
KASPERLE:	Ah, hä, hä, hä, jetzt weiß ich's — ein Mercedes?
SEPPL:	Klar, das sieht man doch an der Karosserie!

KASPERLE:	An Karo — was?
SEPPL:	Kaaroooosseeerie!
KASPERLE:	Ah — Karschmotzerie?
SEPPL:	Kasperle: K a r o s s e r i e
KASPERLE:	Was hat denn das mit Rosen zu tun?
SEPPL:	Kasperle — das, was auf dem Fahrgestell ist, der Aufbau, das ist die Karosserie!
KASPERLE:	Du, hör mal, das ist ein Auto und kein Fahrgestell!
SEPPL:	Kasperl, du verstehst auch gar nichts von Technik!
KASPERLE:	Du, beleidigen lasse ich mich nicht!
SEPPL:	Kasperle, ich bin doch dein Freund, hör mal zu!
KASPERLE:	Nein, nein, ich hab' ein Auto und keine Lotterie oder Karosterie oder sonst was, ich will jetzt fahren!

SEPPL:	Ja, hast du überhaupt einen Zündschlüssel?
KASPERLE:	Was ist jetzt das schon wieder? Was hat mein Hausschlüssel mit dem Auto zu tun?
SEPPL:	Aber Kasperle, du mußt doch die Zündung einschalten!
KASPERLE:	Jetzt schlägt's aber achtundzwanzig! Jetzt willst du auch noch meinen Mercedes anzünden!
SEPPL:	Kasperle, Kasperle, du bist doof! Das hat doch mit der Batterie was zu tun!
KASPERLE:	Jetzt langt's mir, jetzt hau ich dir eine auf deine Batterie. *Haut ihm eine an die Ohren*
SEPPL:	Autsch, autsch! Kasperle!
KASPERLE:	Ja, ja, du Hallodri mit deiner Kaschmotzerie! *Haut zu* Jetzt zünd' ich dir was, daß dein Fahrgestell verbiegt

	Meinen Mercedes anzünden? Dir geb' ich's. *Haut zu*
SEPPL:	Au weh, au weh! Kasperle, so hör doch. Ich will dir doch nur erklären — au weh!
BRAUSEWETTER:	*Erscheint* Ja Stern-Hagel-Bimbam-Donnerwetter!
	Ich bin der Schutzmann Brausewetter!
	Was ist denn das für ein Geschrei?
	Macht sofort die Straße frei!
	Der Verkehr wird hier blockiert!
	Ich verhaft' euch ungeniert!
SEPPL:	Herr Schutzmann Brausewetter, ich kann nichts dafür!
	Nimm nur den Kasperle mit auf das Revier!
KASPERLE:	Nein, nein, der ist schuld daran!
	Seht Euch meinen Mercedes an!

	Der Seppl will ihn anzünden.

Das muß ich unterbinden!
SEPPL: Nein, nein, der Kasperl ist ja dumm!
BRAUSEWETTER: Ruhe — Ruhe jetzt, hier spricht die Polizei! Schluß jetzt mit der Keilerei! Kasperl, wo ist dein Führerschein!?
KASPERLE: Ein, — was für ein Schein?
BRAUSEWETTER: Dein Füüührerrschschein!
KASPERLE: Ja, was ist denn das?
BRAUSEWETTER: Aha — aha! Ja, weißt du denn nicht, daß man zum Autofahren einen Führerschein haben muß?
SEPPL: Ha, ha, ha, reingefallen! Jetzt ist's aus, Kasperle! Hat der nicht einmal einen Führerschein!

KASPERLE: Jetzt werd' ich aber wild *Haut dem Seppl eine runter* Du mußt grad noch lachen!

BRAUSEWETTER: Ruhe — Ruhe — zum Bimbam-Donnerwetter!
Ich bin der Schutzmann Brausewetter!
Ihr beide kommt jetzt mit auf das Revier!
Und der Mercedes, der bleibt hier!

KASPERLE UND SEPPL: O weh, o weh! Herr Schlemineh!
Jetzt geht's uns an den Kragen!
Hätten wir uns nur vertragen!
Kinder, Kinder, nun ade!
Der Traum vom Auto ist jetzt aus,
Kinder, gehet brav nach Haus!

Kasperle und die Räuber

KASPERLE
SEPPL, SEIN FREUND
RÄUBER BIMMEL
RÄUBER BAMMEL
SCHUTZMANN STELZEBEIN

I. AUFZUG *Spielt auf der Straße. Kasperle und Seppl*

KASPERLE: Kinder, Kinder, habt ihr meinen Freund Seppl gesehen? Seppl! — Seppl! Wo steckt der bloß? Wir wollen nämlich Schmetterlinge fangen! *Zeigt sein Schmetterlingsnetz und eine große Flasche*

SEPPL: Kasperle, Kasperle, hast du gerufen?

KASPERLE: Ah, da kommt er ja endlich! Wo hast du denn gesteckt? Du alter Schlangenfänger!

SEPPL:	Aber Kasperle, wir wollen doch Schmetterlinge fangen!
KASPERLE:	Dann bist du eben ein alter Schmetterlingsfänger — hä hä!
SEPPL:	Aber Kasperle, was hast du denn in der großen Flasche? Das ist ja eine Schnapsflasche! Willst du etwa Schnaps trinken?
KASPERLE:	Ha ha, bist du dumm! Die brauche ich doch für die Schmetterlinge.
SEPPL:	Was, trinken die denn Schnaps?
KASPERLE:	Kinder, habt ihr das gehört? Sagt, ist der Seppl nicht ein Dummrian?
SEPPL:	Aber Kasperle, zu was brauchen wir denn dann den Schnaps?

KASPERLE:	Stell dir doch vor: Wir haben einen Schmetterling im Netz, was dann?
SEPPL:	Dann haben wir ihn gefangen.
KASPERLE:	Ja, aber wir müssen ihn doch betäuben!
SEPPL:	Mit Schnaps?
KASPERLE:	Hör doch mit deinem alten Schnaps auf! Das ist doch kein Schnaps!
SEPPL:	Aber auf der Flasche steht doch, daß es Schnaps ist.
KASPERLE:	Das steht doch bloß auf der Flasche. Aber es ist etwas anderes drin!
SEPPL:	Ah, so — ja. Was ist denn dann drin?
KASPERLE:	Coleraform.
SEPPL:	Was? — Coleraform?

KASPERLE:	Ach was! Natürlich Chloraform.
SEPPL:	Aber Kasperle! Vielleicht meinst du Chloroform?
KASPERLE:	Ja, hä, hä, Chloroform. Das habe ich von meinem Onkel, der ist Doktor.
SEPPL:	Ah, das, was man im Krankenhaus nimmt, wenn man operiert wird!
KASPERLE:	Merkst du jetzt etwas?
SEPPL:	Du meinst, wir lassen die Schmetterlinge daran riechen?
KASPERLE:	Und dann ...
SEPPL:	Und dann werden sie betäubt! Ich hab's, ah!
KASPERLE:	Klar, sogar wenn ein Mensch an der Flasche riecht, — schwubs — schläft er ein und ist ohnmächtig!
SEPPL:	Au, laß mich mal dran riechen!

KASPERLE:	Bist du verrückt? Wer soll denn dann mit mir Schmetterlinge fangen?
SEPPL:	Ach was, so schlimm wird's nicht sein! *Nimmt den Korken von der Flasche*
KASPERLE:	Halt, halt, Seppl, was machst du denn?
SEPPL:	Oaaah — uoahhh! *Schläft ein und fängt an zu schnarchen*
KASPERLE:	Uiuiui, ist das ein Dummkopf. Jetzt haben wir die Bescherung! He! He! *Rüttelt und schüttelt ihn* Wach auf, Seppl!
SEPPL:	Chchchaaaa! *Schnarcht*
KASPERLE:	Oh jeggerle, oh jeggerle! Was mach' ich denn bloß?
STELZEBEIN:	*Tritt auf* Ja, was ist denn da los? He, ihr beiden da! Ich bin der Schutzmann Stelzebein.

                Ich flöße Angst und Schrecken ein.
                Nehm' jeden Spitzbub am Schlafittchen
                und bringe ihn sofort ins Kittchen!

KASPERLE: Oh, Herr Schutzmann Schnelzelschwein!

STELZEBEIN: Was! Hach! Wie heiß ich!?

KASPERLE: Oh, Verzeihung, Herr Schutzmann Schwenzelbein.

STELZEBEIN: Aber jetzt langt's mir. Ich bringe dich ins Kittchen, Stelzebein heiß' ich. Wie heiß ich???

KASPERLE: Stelzebein — Stelzebein.

STELZEBEIN: Na endlich! Also, was ist da los?

KASPERLE: Mein Freund Seppl ist ohnmächtig. Helfen Sie mir!

STELZEBEIN: Ohnmächtig?! Wie, ich glaube, dein Freund hat Schnaps getrunken und hat einen Rausch. He, was!?

KASPERLE:	Nein, nein, hä, hä, Herr Stelzebein, in der Flasche ist doch kein Schnaps, sondern Coleraform.
SEPPL:	*Wacht mit einem großen Schnarcher auf* Chhuaaah! Nein — Chloroform heißt es doch!
KASPERLE:	Hurra, hurra, der Seppl ist wieder aufgewacht!
SEPPL:	Brrrrr, scheußlich! Nie wieder Chloroform!
STELZEBEIN:	Ja, was wollt ihr denn mit dem Chloroform?
KASPERLE:	Schmetterlinge fangen!
STELZEBEIN:	Ah, jetzt versteh' ich. — Aber sagt mal, ihr wollt doch nicht am Ende gar in den Wald?
SEPPL:	Ja, was denn sonst? Auf der Straße gibt es doch keine Schmetterlinge.
STELZEBEIN:	Hm, laßt das lieber bleiben!

KASPERLE:	Ja, aber warum denn?
STELZEBEIN:	Habt ihr denn noch nichts davon gehört?
SEPPL:	Waaas denn?
STELZEBEIN:	Von den Räubern Bimmel und Bammel?
KASPERLE UND SEPPL:	Bimmel und Bammel?
STELZEBEIN:	Aber ja, das sind zwei ganz gefährliche Burschen! Erst gestern haben sie wieder einen Mann überfallen und bis aufs Hemd ausgeraubt! Seit einer Woche treiben sie sich im Wald herum und machen die ganze Gegend unsicher!
KASPERLE:	Hä, hä, ganz einfach! Die fangen wir mit unserem Schmetterlingsnetz!

STELZEBEIN:	Macht keine Witze, das ist nicht zum Spaßen!
SEPPL:	Wir haben keine Angst!
KASPERLE:	Ha, w i r haben keine Angst!
STELZEBEIN:	Ich hab' euch gewarnt! Rennt nur in euer Unglück!
KASPERLE UND SEPPL:	*Ziehen lachend ab und singen nach der Melodie: Kommt ein Vogel geflogen*

KASPERLE UND SEPPL:

Kommt ein Schmetterling geflogen,
setzt sich nieder auf mein' Fuß.
Hat ein' Zettel im Schnabel,
vom Räuber Bammel ein' Gruß. *Beide lachen*

STELZEBEIN: *Kopfschüttelnd und mit dem Finger drohend* Wartet nur, ihr beiden, euch wird das Lachen noch vergehen. *Geht ab*

II. Aufzug   *Im Wald. Kasperle und Seppl*

KASPERLE: Du, Seppl, siehst du noch keinen Schmetterling?
SEPPL: Ich weiß nicht, kein einziger Schmetterling in Sicht, nur Bäume und Sträucher. Doch halt! — Dort —!
KASPERLE: Wo, — wo?
SEPPL: Dort, dort — etwas Rotes und Gelbes!
KASPERLE: Wo denn, wo denn?
SEPPL: Pssst! Sonst fliegt er wieder fort!
KASPERLE: Ich seh' doch nichts. Ich glaube, du hast geträumt. Steckt dir das Coleraform noch in den Gliedern?
SEPPL: Chlo - ro - form! Wie oft soll ich dir's noch sagen!
KASPERLE: Ach, das ist doch egal. Aber wo siehst du denn was?

SEPPL:	Dort — jetzt kommt's näher!
KASPERLE:	Hören tu' ich was, horch! *Man hört Gröhlen und Lachen*
SEPPL:	Aber seit wann machen Schmetterlinge so einen Lärm?
KASPERLE:	Du, mir wird's mulmig!
SEPPL:	Kasperle, mir auch! *Der Lärm wird stärker*
SEPPL:	Du, Kasperle, weißt du, was ich glaub'?
KASPERLE:	Du, Seppl, ich glaub' auch. Die Räuber! Schnell fort, komm komm! *Wollen beide fliehen. Da kommen die Räuber Bimmel und Bammel. Der eine von links, der andere von rechts*
BIMMEL:	Ha, ha, was sehen meine entzündeten Augen!
BAMMEL:	Bruder Bimmel, ha, ha, ich glaube, wir machen einen Fang!
KASPERLE:	Hilfe, zu Hilfe!

BIMMEL: *Packt Seppl am Kragen* Halt da, halt!

SEPPL: Au weh! Laß mich los.

BAMMEL: *Packt Kasperle am Kragen* Hab' ich dich, Bürschchen?

KASPERLE: Au, das tut weh! Wir haben euch doch nichts getan! Laßt uns los! Wir haben nix! Kein Geld und überhaupt nichts!

BIMMEL: Hast du gehört, Bammel? Die Kerle haben nichts!

BAMMEL: Das werden wir gleich sehen! Bimmel, eine Flasche!

BIMMEL: Mensch Bammel, mich laust der Affe, Schnaps!

BAMMEL: Echter, wirklicher Schnaps! Mensch, Bimmel, und die Kerle sagen, sie hätten nichts! *Haut dem Kasperle eine runter*

KASPERLE: Herjemineh, au weh! Du haust mich ja tot! Das ist doch gar ...

SEPPL:	Kasperl, halt, sei still!
KASPERLE:	Aber ich will doch den Kerlen bloß sagen, daß es gar ...
SEPPL:	Kasperl, Kasperl, halt den Mund!
BAMMEL:	Schluß mit dem Geschrei! Los, her mit dem Schnaps!
BIMMEL:	Ja, her mit dem Schnaps!
BAMMEL:	Halt, ich krieg' den ersten Schluck!
BIMMEL:	Was, du? Wer ist der Ältere, he? Gib die Flasche her!
BAMMEL:	Einen Dreck geb' ich her! *Macht den Korken auf und trinkt*
BIMMEL:	*Reißt ihm die Flasche weg und will selber trinken*
BAMMEL:	Oaaahhh! Chchchuaaa!
BIMMEL:	Brrrr, chhhhuuuaaa! *Beide fallen in Ohnmacht*
KASPERLE:	Hurra, Seppl! Seppl, das Coleraform!
SEPPL:	Chloroform, Kasperle!

KASPERLE: Ach, laß mich in Ruhe mit deinen komischen Fremdwörtern, Seppl! Die Räuber sind ohnmächtig. Hurra, wir haben sie gefangen!

SEPPL: Mensch, Kasperle, was wird der Schutzmann Stelzebein dazu sagen?

KASPERLE: Kinder, Kinder, hurra! Wir haben die Räuber gefangen! Heissa, juchhei! Laßt uns schnell noch ein Lied singen!

KASPERLE SEPPL TEUFEL GUTE FEE LILIENFEIN RÄUBER KNASTER GROSSMUTTER	Kasperle wird unsichtbar

I. AUFZUG *Bei Kasperles Großmutter. Kasperle, Großmutter, Seppl*

KASPERLE: Grüß Gott, Kinder!
Wie? Könnt ihr nicht auch Grüß Gott sagen: Ich hör' ja gar nichts! So, jetzt war's besser!
Ach, Kinder, heute nacht habe ich was ganz Tolles geträumt! Träumt ihr auch manchmal was, hä? — Ja? Auch was Schönes? Also paßt mal auf! Ich habe geträumt, ich wäre unsichtbar! Könnt ihr euch das vor-

stellen, hä? Ich habe alle Leute gesehen, aber die Leute haben mich nicht gesehen — einfach toll! Meinen Freund Seppl, den habe ich immer an den Haaren gezogen und gerufen: Seppl, Seppl, wo bist du? Hä, hä, hä, der ist herumgesaust und hat geschrien: »Wer ruft da? Kasperle, bist du es?« und hat mich nicht gesehen! Schade, daß es nur ein Traum war! — Aber da kommt ja der Seppl!

Seppl:	Kasperle, he, was treibst du?
Kasperle:	Mensch, Seppl, heute nacht, da hab ich dich aber schön gefoppt!
Seppl:	Du — mich???
Kasperle:	Ja, weißt du denn nicht mehr, wie ich unsichtbar war?

SEPPL: Kasperle, sag mal, geht bei dir ein Rädchen falsch herum? Du und unsichtbar?!

KASPERLE: Ach so, hä, hä! Ich habe ganz vergessen, daß es ja nur ein Traum war!

SEPPL: Mensch, Kasperle, unsichtbar sein, das wäre pfundig!

KASPERLE: Ei, sapperlott! Da könnten wir einmal so richtig den alten Schutzmann Stelzebein verulken! Wir würden rufen: Stelzelschwein! Und der würde herumfahren und brüllen: Sofort ins Kittchen — — !

SEPPL: Und würde niemand sehen, ha, ha!

KASPERLE: Hä, hä, das wäre eine Gaudi!

SEPPL: Aber leider, leider gibt es so etwas nicht mehr heute, schade!

GROSSMUTTER:	*Großmutter ruft hinter der Bühne nach dem Kasperle und kommt dann auf die Bühne* Kasperle, Kasperle!
KASPERLE:	Jaaa, hier bin ich!
GROSSMUTTER:	Kasperle, kannst du mir einen Gefallen tun?
KASPERLE:	Aber natürlich! Was soll's denn sein?
GROSSMUTTER:	Ach weißt du, Kasperle, mich plagt heute wieder ganz arg das Zipperlein. Und meine Heilkräuter sind ausgegangen. Besonders das Blauwurzelkraut sollte ich haben. Kannst du mir nicht etwas im Wald holen?
KASPERLE:	Prima, da kommen wir wenigstens in den Wald! Komm, Seppl, gehst du mit?
SEPPL:	Aber klar! Auf geht's, schnell, bevor es dunkel wird!

Alle gehen ab

II. AUFZUG *Kasperle und Seppl im Wald, sammeln Kräuter*

KASPERLE: Ah, da hat's aber eine Menge von dem Blauwurzelkraut. Ich habe schon alle Taschen voll.

SEPPL: Du, Kasperle, es wird schon bald dunkel. Wo sind wir denn eigentlich? Ich glaube wir sind ganz vom Weg abgekommen! Ist das ein finsterer Wald!

KASPERLE: Auwei! Und ich hab' meinen Kompaß vergessen.

SEPPL: Horch, Kasperle, horch!

KASPERLE: Was? Was ist?

SEPPL: Hör doch, da ruft jemand! *Man hört eine weinerliche Frauenstimme um Hilfe rufen*

KASPERLE: Ja, jetzt hör ich's auch.

SEPPL:	Du, da muß jemand in Not sein. Komm schnell, wir gehen in die Richtung, woher das Rufen kommt.
KASPERLE:	Dort, dort, da kommt jemand!
SEPPL:	Eine alte Frau. Und wie die daherhumpelt!
KASPERLE:	Sie trägt ein ganzes Bündel Holz. Das muß schwer sein!
SEPPL:	Die kann's ja kaum tragen!
FRAU:	Oh, endlich jemand, der mir helfen kann! Guten Tag, ihr jungen Herren, guten Tag, guten Tag.
KASPERLE:	Grüß Gott. Ja, was schleppt Ihr Euch denn so ab?
FRAU:	Oh, helft mir bitte, ihr jungen Herren. Ich bin eine arme alte Frau und muß mir mein Brennholz selbst zusammentragen. Ach, es ist so schwer, so schwer!
KASPERLE:	Aber klar, wir helfen dir. Komm, gib dein Bündel her!

FRAU:	Ach, du bist der Kasperle! Von dir hab' ich schon viel gehört! So ist's brav, ihr seid gute Menschen. *Kasperle und Seppl helfen der Frau tragen*
FRAU:	So, jetzt, ihr jungen Herren, habt vielen Dank. Jetzt bin ich gleich zu Hause.
KASPERLE:	Aber ich seh' ja gar kein Haus.
SEPPL:	Ich auch nicht. Wo wohnst du denn?
FRAU:	Hi hi hi, das möchtet ihr wissen, ihr jungen Herrn? Das wird nicht verraten. Aber weil du, Kasperle, und dein Freund so gute Menschen seid und einer alten Frau gleich geholfen habt, sollt ihr belohnt werden!
KASPERLE:	Ach nein, hä, hä, das haben wir doch gern getan! Du hast ja selber nicht viel, du arme Frau, laß nur!

FRAU:	Hört zu, ihr jungen Herrn, ich bin nicht so arm, wie ihr denkt! Ich bin eine FEE! Ich bin die gute Fee Lilienfein.
KASPERLE:	Was ...? Eine Fee?
SEPPL:	Au, da schlägt's dreizehn! Eine richtige Fee?
FEE LILIENFEIN:	Ja, und ich will dir, Kasperle, etwas ganz Besonderes schenken! Das wird euch beiden vielleicht einmal viel helfen! Hier habt ihr einen Stock. Da, nimm ihn nur, Kasperle!
KASPERLE:	Was, einen Stecken?
FEE LILIENFEIN:	Ja, der hat aber eine ganz besondere Eigenschaft!
SEPPL:	Am Ende ein Zauberstab?
FEE LILIENFEIN:	So ähnlich. Also, Kasperle, paß auf und merk dir ge-

nau, was ich sage: Hast du den Stab in der Hand, dann sage folgendes Sprüchlein:

> Stäblein, Stäblein, wunderfein!
> Die gute Fee heißt Lilienfein.

KASPERLE: Und das soll ich jetzt sagen? *Nimmt den Stab in die Hand*

FEE LILIENFEIN: Ja, sag's nur!

KASPERLE: Also, wollen wir's probieren, hä hä:

> Stäblein, Stäblein, wunderfein!
> Die gute Fee heißt Lilienfein.

Es donnert und pfeift. Das kann mit zwei Topfdeckeln gemacht werden, die man aneinanderschlägt. Kasperle verschwindet unter der Bühne. Nur der Stab bleibt oben. Ebenso verschwindet die Fee!

SEPPL: Hilfe, jemineh, die Welt geht unter! Kasperle, Kasperle, wo bist du? Und die Fee ist auch verschwunden!

KASPERLE: *Spricht unter der Bühne, nur den Stab sieht man, und der wackelt hin und her*
Aber Seppl, spinnst du denn? Ich bin doch da, bei dir!

SEPPL: Kasperle, Kasperle, ich seh' dich doch nicht! Bloß deinen Stab! Und die Fee ist doch auch verschwunden!

KASPERLE: Aber Seppl, bist du denn krank? Ich steh' doch neben dir. Da, spürst du's denn nicht? *Haut ihn mit dem Stecken*

SEPPL: Au, au, Kasperle, der Stecken geht auf mich los! Kasperle, ich werd' verrückt, wo bist du?

KASPERLE: Donner Keil und Sarotti, ich hab's, Seppl! Seppl, weißt du was? Ich bin unsichtbar — wie heute nacht in meinem Traum!

SEPPL: Kasperle! — Unsichtbar? Schnell, laß mich probieren!
Langt vom Stecken an am Arm aufwärts bis an die Nase, natürlich für die Zuschauer nur markiert

KASPERLE: Au, laß meine Nase in Ruh! Da bin ich doch so empfindlich!

SEPPL: Mensch, Kasperle, tatsächlich! Du bist da, und doch sieht man dich nicht. Du bist unsichtbar!

KASPERLE: Kinder, Kinder, seht ihr mich denn?
Was, ihr seht mich auch nicht? — Nur meinen Stecken? Seppl, jetzt glaub' ich's tatsächlich. Heissa, ich bin unsichtbar!

SEPPL: Aber Kasperle, wie macht man das, daß man dich wieder sehen kann?

KASPERLE: Au Backe, das ist ein Problem!

SEPPL: Sag doch nochmal das Sprüchlein. Vielleicht hilft das?

KASPERLE: Werd's gleich probieren, also:

Stäblein, Stäblein, wunderfein!
Die gute Fee heißt Lilienfein.
Wieder Donner und Pfeifen. Kasperle erscheint wieder auf der Bühne

SEPPL: Hurra, hurra, Kasperle ist wieder da!

KASPERLE: Kinder, stimmt das wirklich? Kann man mich wieder sehen? Das ist aber eine tolle Sache, was Seppl? Wird da meine Großmutter staunen!

SEPPL: Horch, Kasperle, horch, da kommt wieder jemand. *Man hört Gröhlen und Schreien* Au weh, Kasperle, ich glaub', diesmal ist es keine gute Fee! Hör dir nur das Schreien an!

KASPERLE: Hast recht. Das müssen fürchterliche Burschen sein!

SEPPL: Kasperle, weißt du was? Du machst dich unsichtbar, und ich verstecke mich. Schnell, sag dein Sprüchlein!

| KASPERLE: | Versteck du dich schnell!
Stäblein, Stäblein, wunderfein!
Die gute Fee heißt Lilienfein.
Donner, Pfeifen, Kasperle verschwindet. Nur sein Stab ist noch zu sehen. Seppl versteckt sich hinter der Bühne |
|---|---|
| SEPPL: | *Hinter der Bühne* Aber Kasperl, deinen Stecken sieht man noch! Au, schon zu spät, sie sind schon da! |
| III. AUFZUG | *Teufel und Räuber Knaster kommen* |
| KNASTER: | Potz Donner und Doria, alter Teufel, willst du jetzt, oder willst du nicht, he? |
| TEUFEL: | Huuuuuiih, deine Seele will ich, ha ha ha, ich brauche solche Kerle wie dich in der Hölle! |

KNASTER: Aber nur, wenn du mir versprichst, mir so viel Moneten zu geben, wie ich will. Donnerlattich, ich will Geld, zum Teufel aber auch!

TEUFEL: Laß meinen ehrenwerten Namen aus dem Spiel, du alter Geldgier! Mensch, Knaster, du kannst von mir haben, was du willst, aber deine Seele mußt du mir verpfänden!

KNASTER: Pfeif drauf! Du kannst sie ja haben! Aber was ist denn das für ein komischer Stecken im Boden? *Sieht Kasperles Stock und will ihn in die Hand nehmen! Kasperle haut ihm eine runter*

KNASTER: Au, zum Teufel, wer haut mich denn da? *Stecken haut dem Teufel eine runter und bleibt dann wieder gerade stehen*

Teufel:	Höllenschwanz und Krötensaft! Was haust du mich denn, du blöder Knaster!
Knaster:	Du hast doch mich gehauen, elender Lügenteufel!

Wieder werden beide vom Stecken gehauen. Dazu lacht Kasperle unter der Bühne: hä hä hä!

Teufel:	Jetzt langt mir's aber, Schockpotzblitz!
Knaster:	Nein, mir langt's! Du Höllenhund! Ich verhandle, und du fängst an zu prügeln. Dir geb' ich's gleich!

Gehen aufeinander los, verprügeln sich, dazwischen haut der Stecken zu, und

Kasperle:	*Noch unsichtbar, lacht immer lauter und ruft:* Gib's ihm!!
Teufel:	Du erschlägst mich ja, au, au, au!
Knaster:	Du Lump, fahr in deine Hölle, da, da, da, hast deinen Dreck! *Schließlich sind beide erschlagen und liegen mausetot über der Bühne*

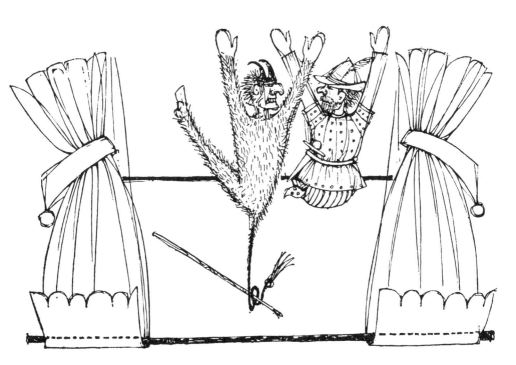

SEPPL:	*Springt hervor*	Hurra, Kasperle! Ist das ein Fest!
KASPERLE:	*Immer noch unsichtbar*	Heissa, war das ein Spaß! Beide sind mausetot. Geschieht ihnen recht, den bösen Kerlen!

KASPERLE: Aber nun muß ich mich schnell wieder sichtbar machen:
Stäblein, Stäblein, wunderfein!
Die gute Fee heißt Lilienfein. *Donner, Pfeifen*

SEPPL: Hurra, da bist du wieder, Kasperle! Nun sind wir Kerle! Jetzt können wir uns unsichtbar machen!

KASPERLE: Wir probieren es einmal! Halte du auch den Stab!

KASPERLE:
SEPPL: *gemeinsam* Stäblein, Stäblein, wunderfein!
Die gute Fee heißt Lilienfein.
Donner, Pfeifen. Beide werden unsichtbar, verschwinden unter der Bühne

KASPERLE: Das Spiel ist aus, wir gehn nach Haus. *Stab verschwindet*